AF635468

# LEBEN,
# DAS
# WÄCHST

Annette Jantzen

# LEBEN, DAS WÄCHST

*Schwangerschaft und Spiritualität*

echter

# Inhalt

# Einleitung

„Spiritualität“ ist ein großes Wort für etwas eigentlich ganz Einfaches: Verbundenheit mit dem Grund unserer Lebendigkeit. Und „schwanger“ ist ein kleines Wort für etwas eigentlich gigantisch Großes: Ein neuer Mensch entsteht. Ein neuer Mensch, den es vorher noch nie gegeben hat, einzigartig und voller Möglichkeiten, wächst heran, krempelt den Stoffwechsel seiner Mutter einmal um, zeigt seine Anwesenheit und bleibt doch noch ein Geheimnis. Der Blickwinkel dieses Schwangerschafts-Begleitbuchs ist nicht der eines Ratgebers, sondern auf die innere Wirklichkeit gerichtet, auf die religiösen und vor allem die spirituellen Seiten der Schwangerschaft. Es bietet darum neben sortierenden Texten, Gebeten und Erfahrungsberichten von mir und anderen, denen ich an dieser Stelle danke, immer wieder Praxisanleitungen zu Gebet und Meditation und Möglichkeiten, selbst etwas zu notieren und so das Buch wie ein Schwangerschafts-Tagebuch zu nutzen:

Denn Spiritualität hat vor allem mit uns selbst zu tun, mit unserem Zugang zum Göttlichen, mit unseren Lebensbildern und unseren Deutungen. Darum erklärt das Buch auch nicht, wie Spiritualität in der Schwangerschaft „geht", sondern möchte Anstöße bieten, die eigenen spirituellen Quellen (weiter) freizulegen, aus ihnen zu schöpfen, sie in Worte und Bilder zu bringen und so die Wahrnehmung für die eigene Spiritualität zu schärfen. Denn oft verändert sich die eigene Spiritualität in der Schwangerschaft, vor allem wird sie präsenter: Viele Schwangere machen Erfahrungen wie diese: „Ich habe viel mehr mit Gott gesprochen, weil ich so etwas Zerbrechliches mit mir getragen habe und darum auch viel mehr Sorgen hatte, mit denen ich irgendwo hin musste …"

Die Schwangerschaft als spirituelle Erfahrung zu erleben geht Hand in Hand damit, die eigene Spiritualität durch die Schwangerschaft zu entdecken. Das ist übrigens etwas anderes, als die körperlichen, gerade auch die belastenderen, als negativ erlebten Aspekte der Schwangerschaft, die Ängste und Dunkelheiten in dieser Zeit auszublenden. Sie gehören bei vielen Menschen zum Erleben einer Schwangerschaft dazu, wie die hellen Seiten auch. Spiritualität ist nicht nur etwas für die leichten, gottvollen Momente des Lebens, sondern auch für die dunklen Stunden, wo wir an unsere Grenzen kommen.

Spiritualität, wie ich sie verstehe, ist nicht etwas rein Geistiges, sondern hat immer auch mit uns als körperlichen Wesen zu tun, und in der Schwangerschaft umso mehr. Die körperlichen Aspekte der Schwangerschaft sind darum Ausgangspunkt und Teil des spirituellen Erlebens. Darauf gehen Übungen und Gebetstexte in diesem Buch deshalb auch ein.

Das Buch ist grob nach den einzelnen Abschnitten der Schwangerschaft gegliedert. Natürlich ist es auch möglich, quer zu lesen und Übungen, Gebete, Anregungen und Texte zu kombinieren oder zu bearbeiten, wie es gerade passt.

**Und schließlich:** Gottesbilder verändern sich im Laufe des Lebens, auch eine Schwangerschaft kann dazu beitragen. Die Sprachgewohnheiten geben Gott meistens ein männliches Geschlecht, und diese Sprache prägt unsere Gottesvorstellungen, auch wenn wir theoretisch der Aussage zustimmen, dass Gott sich nicht auf ein Geschlecht einengen lässt. In diesem Buch finden sich darum einerseits weibliche Gottesanreden und andererseits die Schreibweise *„G*tt“*. Der Stern steht dafür, dass G*tt immer mehr ist als ein Name, dass G*ttes Name letztlich unaussprechlich ist und dass G*tt die Kategorien unseres Denkens und Sortierens sprengt. Er soll helfen, die inneren Bilder zu weiten. Wie die Leser*innen dieses Buches G*tt letztlich ansprechen, ist selbstverständlich ihre persönliche Sache.

# Am Anfang

Wir wissen, wie ein Mensch entsteht, wir können die Befruchtung untersuchen, nachweisen, technisch unterstützen. Und gleichzeitig ist es jedesmal ein Wunder – so ein fehleranfälliger, fragiler Prozess, der, einmal in Gang gesetzt, einfach abläuft mit allen Möglichkeiten des Scheiterns und Gelingens. Verschiedene Religionen treffen unterschiedliche Aussagen darüber, wann im Verlauf der Schwangerschaft der Zeitpunkt ist, ab dem man vom Embryo als einem beseelten Menschen sprechen kann.

Häufig geht es dabei heute auch um medizinethische Fragen, um Fragen nach Untersuchungen oder auch nach dem Schwangerschaftsabbruch. Im Christentum hat sich die Ansicht durchgesetzt, ab dem Zeitpunkt der Befruchtung von einem Menschen zu sprechen, weil das entstehende Leben alle Möglichkeiten hat, ein Mensch zu werden, und weil dieser Prozess dem inneren Bauplan der Zellentwicklungen entspricht.

So wichtig diese Überlegungen sind, es gibt noch einen anderen Blickwinkel auf den Beginn einer Schwangerschaft: Es ist Leben, das wächst. Es ist wie alles Leben erst anfanghaft und voller Möglichkeiten vorhanden und doch schon unterscheidbar von anderen Organismen. Es ist verwoben mit dem Leben um sich herum und davon abhängig, es ist schon da und noch ein Geheimnis, noch im Werden. Auch die Frage nach der Seele ist von dieser Perspektive nicht so zu beantworten, als wäre es wichtig, ob es einen fixen Zeitpunkt gibt, ab dem es sie gibt.

In der Bibel ist das hebräische Wort für Seele „*Näfäsch*", das wörtlich übersetzt eigentlich „*Kehle*" heißt: denn es ist der Atem, der uns lebendig macht, und auf der Ebene der religiösen Deutung ist es der Atem, der von G*tt kommt und uns lebendig macht. Interessanterweise ist damit das, was mich als Individuum lebendig macht, das gleiche wie das, was mich mit allem anderen Leben verbindet. Ein Embryo, später ein Fötus atmet natürlich noch nicht selbst, aber da er vom Stoffwechsel der Mutter versorgt wird, kann man sagen, dass er durch sie Anteil an diesem Lebensatem hat. Ein ungeborenes Kind kann uns zeigen, wer wir sind: Wir sind im Werden, und angewiesen auf das Leben, das uns umgibt, wir sind gefährdet und geborgen. Schwanger zu sein heißt dann, deutlicher als sonst im Leben auf beiden Seiten zu stehen: selbst angewiesen zu sein und diejenige, auf die ein anderes Leben angewiesen ist, Geschöpf zu sein und selbst neuem Leben ins Dasein zu helfen, körperlichen Prozessen ausgesetzt zu sein und sie aktiv zu erleben.

Am Anfang der Schwangerschaft steht darum eine große Umstellung, und das bedeutet für viele Schwangere auch ambivalente Gefühle, wenn Freude und Furcht sich abwechseln. Nicht nur, wenn die Schwangerschaft unerwartet ist, können sich Gefühle von Überforderung und Abwehr einstellen.

Gerade bei einer ersten Schwangerschaft kann das Menschen unerwartet treffen. Weil negative Gefühle sehr von den Bildern abweichen, die wir über das Erleben einer Schwangerschaft kennen, sind die Folge oft Selbstzweifel und Schuldgefühle. Wir leben aber nicht, um kulturellen Bildern zu entsprechen, sondern um mit und an unseren Erfahrungen zu wachsen. Religiös betrachtet, heißt das, auch die Ambivalenzen zu bebeten und sich darin einzuüben, sich vor G*tt nicht zu zensieren.

Es geht nicht um Fehlerlosigkeit – schon gar nicht, wenn es um Prozesse geht, denen man selber ausgeliefert ist –, sondern um Integration: darum, mit Licht und Schatten im liebevollen Blick G*ttes zu stehen.

## Überwältigung

Ich bin schwanger, G*tt,
schwanger!

So viel Leben, G*tt,
ich bin geflutet von Leben,
von so viel Leben.

Ich halte dir meine wilde Freude hin,
diesen Jubelmoment,
in dem alles aussieht wie immer
und dabei in einem neuen Licht glänzt.

Du Lebendige: DANKE.

~

Es kommen die Sorgen über mich,
die Fragen, das Bangen:
Ob alles gut geht,
ob mein kleines Kind noch da ist,
da im Dunkeln, wo ich nur abwarten kann
und das Beste hoffen.
Ich kann dich nicht halten, mein kleines Kind,
mich nicht vergewissern, dass du noch da bist.
G*tt, wenn du alles siehst,
dann siehst du auch uns.
Ich möchte glauben,
dass du alles Leben bewahrst,
du Hüterin des Lebens.
Daran will ich mich halten:
dass du uns siehst und uns bewahrst.

## Widerstreitende Gefühle

Ach G*tt. Ich sollte mich freuen,
alle erwarten, dass ich mich freue,
auch ich denke, ich müsste mich doch freuen.
Ob du weißt, wo diese meine Freude nur bleibt?
Sie hält sich wohl verborgen
hinter meiner Ablehnung,
in den Tiefen meiner Angst,
unter der schweren Decke meiner Sorgen.
So ist es gerade, du meine Freundin,
so darf es hoffentlich sein –
du siehst das und dich schreckt das nicht.
Ich möchte mich bei dir bergen:
Wenn du mich umfängst,
dann wagt meine Freude sich vielleicht
zaghaft ans Licht
und ich wage zu hoffen,
dass sich alles gut finden wird
für mich, für uns, bei dir.
G*tt Schöpferin, bist du bei mir?
Hältst du mich aus?

## Sorgenkarussell

Meine Gedanken fahren Sorgenkarussell.
Ob es bleibt,
ob alles gutgeht,
wie es werden wird.
Ob ich das schaffen werde.
Ob es noch da ist.
Fahr mit mir Sorgenkarussell, bitte.
Vielleicht wird es dann langsamer.
Jede einzelne Sorge hat bei dir eine Antwort.
Du vergisst nichts,
du siehst uns
und du bewahrst uns.
Ich lege dir jede einzelne meiner Sorgen hin.
Für diesen Moment hältst du das Karussell an
und ich komme zur Ruhe.

## Du bist groß

Groß ist über mir deine Gnade,
du meine Schöpferin.

Groß ist über mir deine Gnade, Ewige,
die das Leben trägt.

Denn du bist G*tt, die mich sieht, die mich hält,
die mich nicht meinen Ängsten überlässt.

Du bist G*tt, die das Leben erschafft
und es mir anvertraut: Groß bist du über mir.

# Wortwolken-Gebet

Manchmal sind vorformulierte Gebete hilfreich, manchmal nicht – dann ist es wie ein nicht perfekt sitzender Schuh, in dem man zwar laufen kann, der aber nicht richtig passt und das Laufen bzw. das Beten unbeholfen macht. Dann kann ein Gebet mit einer Wortwolke eine gute Hilfe sein. Das ist dann ein Mittelding zwischen Gebet und Meditation, eine Form, in der auch Satzfetzen, noch unformulierte Gefühle und widersprüchliche Gedanken Platz finden.

Zum Beten mit einer Wortwolke schaust du dir die Wolke an, verweilst ein bisschen bei den einzelnen Worten, spürst nach, welche gerade zu dir und deinem Gebet passen. Bei denen bleibst du dann eine Weile, betest sie vielleicht einfach im Ein- und Ausatmen, einfach nur als das eine Wort oder den einen kurzen Satz. Vielleicht stellst du fest, dass dir noch etwas fehlt – dann schreib dein eigenes Wort, deinen eigenen kurzen Satz einfach dazwischen.

Beim Beten kommt es nicht auf geschliffene Worte und korrekte Sätze an, sondern darauf, das, was in dir ist, auf G*tt hin auszurichten und hinzuhalten.

# O G*tt, ic

Hoffentlich bleibt es

**schwanger**

Yeah

Ich habe Angst

**Glück**

Wirklich?

Hoffentlich …

Uff

Wie soll das werden?

Endlich

**Danke**

*bin schwanger!*

**ein Baby** Bitte

Hoffentlich geht alles gut

Werde ich das schaffen?

**Du** Bleib bei uns

**Ist das wahr?**

Mein Kind

Danke, G*tt

*Amen.*

Egal, was dir durch
den Kopf schießt –
G*tt ins Ohr gesagt,
ist es ein Gebet.

Erfahrung

# Der Test

*Ich habe schon drei Tests gemacht. Alle negativ. Jedes Mal eine Mischung aus Erleichterung und Enttäuschung. Ich suche nach Symptomen, horche in mich hinein, erwarte täglich meine Periode. Nichts. Ich kaufe einen anderen Test, extra sensitiv. Am liebsten würde ich ihn sofort machen, aber ich lege ihn mir für den nächsten Morgen hin. Das ist dann der achte Tag.*

*Am Morgen: wieder negativ. Diesmal bin ich mehr enttäuscht als erleichtert. Ich lege den Test beiseite und nehme mir vor, ihn nachher mitzunehmen, wenn ich den Müll runterbringe. Versuche, mich auf meine Studienarbeit zu konzentrieren – ich bastele damit schließlich an meiner Zukunft. – Als ich später den Test eigentlich nur in die Mülltüte stecken will, schaue ich noch einmal drauf und mir stockt der Atem. Mein Herz fängt an zu rasen. Da ist nichts zart und rosa. Da ist nichts hin und her zu drehen und zu deuteln, ob da wohl ein ganz zarter zweiter Strich sein könnte. Da knallt mir eine zweite dicke, dunkle, fast lila Linie entgegen. Das fetteste Ausrufezeichen meines Lebens.*

Ich bin schwanger!

## *Als ich positiv getestet hatte …*

Ich weiß nicht, wer ich sein werde. Ich werde mich verändern, mein ganzes Leben wird anders, denn da wird noch jemand sein.

Da ist eine neue Wirklichkeit mit Wucht in mein Leben geplatzt. Ich werde Mutter.

Ich brauche eine Weile, um das zu begreifen. Ich kann es gar nicht richtig begreifen. Ein Kind!

So viele Gefühle, die gleichzeitig da sind:
Freude · Furcht · Glück · Ehrfurcht · Besorgnis · ungläubiges Staunen …

*Frage: Welche Gefühle überwiegen gerade?*

# Natur-erfahrung

Am Anfang der Schwangerschaft steht so viel Neues, dass es überfordern kann: neue Informationen, Dinge zu beachten, widerstreitende Gefühle, manchmal Stress in der Partnerschaft, körperliche Beschwerden. Es kann dann gut tun, bewusst Naturerfahrungen zu machen.

Ob es das Atmen der Morgenluft am offenen Fenster ist, ein Spaziergang im Wald, der Blick über ein Gewässer oder in den Himmel oder unter einem Baum zu sitzen: Nimm dir dafür gezielt ein bisschen Zeit, und lass die Eindrücke auf dich wirken. Versuche, ganz bei dem Erleben zu sein.

Für diesen Moment kannst du dich als Teil dieser lebendigen Natur erleben, eingebettet in ein Leben, das größer ist als wir.

# Die kleinen, unwillkürlichen Sätze I

Was wir zu uns selber sagen, beeinflusst uns: wie sicher wir uns fühlen, ob wir Wertschätzung für uns selber haben, wie zuversichtlich wir in die Zukunft schauen. Viele Menschen reden mit sich selbst viel negativer und erbarmungsloser als mit jedem anderen. Gerade weil verurteilende Sätze zu und über sich selber sich unwillkürlich formen, kann es sehr hilfreich sein, sich wenige, einfache, hoffnungsvolle und freundliche Sätze zurechtzulegen, mit denen man die dunklen Sätze gleichsam überschreiben kann, immer wieder. Und wenn es nur einmal am Tag bewusst gelingt: Es ist ein Anfang, und es wird eine gute Wirkung entfalten. Es kann auch helfen, um das Sorgenkarussell für eine Weile zu stoppen, um Ängsten das Vertrauen in die eigenen Kräfte und ins Getragenwerden entgegenzusetzen, um Befürchtungen nicht überhand nehmen zu lassen.

So ein kleiner guter Satz zu sich selber sollte möglichst positiv formuliert sein, also beispielsweise statt *„ich lass mich nicht unterkriegen"* *„ich werde da durchkommen"*.

Mögliche kleine Sätze zum Einüben in Zuversicht und Freundlichkeit zu sich selber:

> *Es wird gut werden.*
> *Meine Gefühle sind okay.*
> *Schritt für Schritt.*

Mein guter Satz zu mir selber:

# Die Bibel zu …

# … der Empfängnis

Das Alte Testament ist von vielen Autor*innen über mehrere Jahrhunderte geschrieben, ergänzt, fortgeschrieben, zusammengestellt und neu zusammengestellt worden. Es ist dadurch ein vielstimmiges Buch geworden, und oft gibt es nicht eine einzige Antwort auf eine Frage wie etwa „Was sagt die Bibel zum Schwangerwerden?", sondern einen ganzen Horizont an verschiedenen Antworten.

Es gibt Textschichten in der Bibel, die die antike Vorstellung teilen, dass im männlichen Samen bereits ganze Menschen enthalten sind, die, in eine Frau eingepflanzt, in ihr heranwachsen, wie Saatgut in der Erde wächst. Dann ist das entstehende Kind die *„Frucht seines Leibes"*! Andere Stimmen sind weniger frauenfeindlich, dazu gehört etwa die Stimme, die Eva als *„Mutter alles Lebendigen"* benennt. Nebenbei hat Eva im Judentum einen deutlich besseren Ruf als im Christentum, wo sie nahezu ausschließlich als *„Schuldige am Sündenfall"* betrachtet wird (s. dazu: *„Die Bibel zu … Mühen der Schwangerschaft"*). Ohne Mütter kein Leben.

Einig sind sich die verschiedenen Stimmen der biblischen Texte in einem: Das Leben kommt von G*tt. Ohne G*ttes Lebensatem kann Leben nicht entstehen und nicht gedeihen. Das ist eine andere Betrachtungsweise als die der natürlichen Abläufe, die in ihrer Komplexität und Fragilität auch so schon staunenswert sind: Der Beginn einer Schwangerschaft ist Gnade.

Das biblische, hebräische Wort für *„Gnade, Bamherzigkeit“*, *„rachamim“*, hat seinen Ursprung übrigens im eng verwandten Wort *„rächäm“*, was *„Schoß, Gebärmutter“* bedeutet. G*ttes Gnade ist also eigentlich G*ttes Mutterschößigkeit.

So eng hängt die Erfahrung von G*ttes liebevoller Zuwendung mit dem Prozess, dass neues Leben entsteht, zusammen. Und so wie der Beginn der Schwangerschaft liegt auch die Gegenwart G*ttes im Verborgenen.

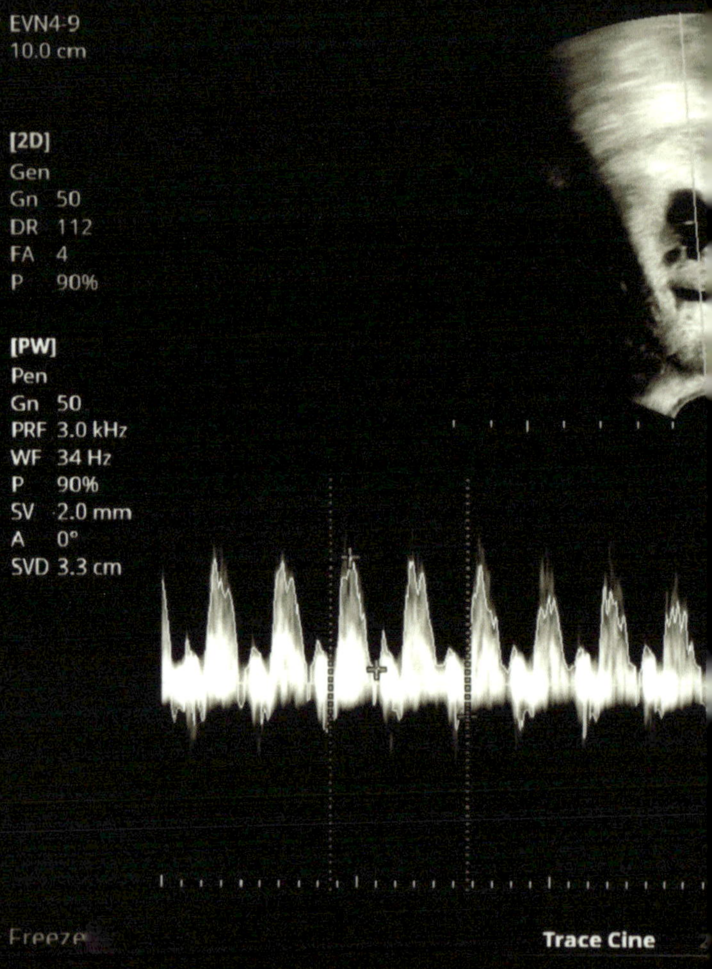
EVN4-9
10.0 cm
[2D]
Gen
Gn 50
DR 112
FA 4
P 90%
[PW]
Pen
Gn 50
PRF 3.0 kHz
WF 34 Hz
P 90%
SV 2.0 mm
A 0°
SVD 3.3 cm
Freeze
Trace Cine

# Ins Leben tragen

Wenn die Schwangerschaft schon einige Wochen besteht, legt sich das erste Gedanken- und Gefühlschaos allmählich. Viele Schwangere fühlen sich dann wie in einer Zwischenzeit: Weil die Möglichkeit einer Fehlgeburt erst nach den ersten Wochen deutlich geringer wird, warten viele noch ab, bevor sie anderen von der Schwangerschaft erzählen.

In dieser Zeit ist die Schwangerschaft für andere allermeistens auch noch nicht sichtbar, sodass zwei Wirklichkeiten nebeneinander stehen: Nach außen ändert sich erst einmal nichts, aber untergründig hat sich Entscheidendes getan. Das entstehende Kind wächst wirklich erst einmal im ganz Verborgenen. Natürlich kann man dem Umfeld auch schon sehr früh von der Schwangerschaft erzählen – das kann im Fall, dass die Schwangerschaft früh endet, auch tröstlich sein. Manchmal ist es auch einfach nötig, andere schon früh zu informieren, etwa wenn ein Beschäftigungsverbot ins Haus steht, um Ansteckungen mit Krankheiten zu vermeiden, die das Kind gefährden würden. Aber ob niemand, nur sehr wenige oder ein größerer Kreis von Menschen von der Schwangerschaft weiß: Solange man sie der Schwangeren nicht ansieht, bleibt sie damit zumindest teilweise anonym, für die anderen Leute in der Kassenschlange, im Bus, an der Ampel nicht als schwanger sichtbar.

In dieser Zwischenzeit ist Gelegenheit, sich selbst erst einmal an den Gedanken zu gewöhnen, Mutter zu werden. Auch das ist ein Prozess, der die eigene Spiritualität berührt, der Kraftquellen freilegt und zugleich sehr verletzlich macht. Zugleich ist es auch eine Zeit, in der die ersten Schwangerschaftssymptome sehr herausfordernd sein können: Übelkeit, Müdigkeit, Gefühlschaos. Wenn sie nachlassen, erleben viele Schwangere das als Energiebooster.

Heutige Schwangere durchlaufen quasi im Schnelldurchlauf, was Schwangeren früherer Generationen über Wochen zur Gewissheit wurde: Seit es zuverlässige Schwangerschaftstests frei zu kaufen gibt, wird aus der Möglichkeit einer Schwangerschaft schnell Gewissheit (oder eben nicht). Die Seele muss trotzdem erst hinterherkommen – eine Aufgabe für die ersten Schwangerschaftswochen.

# Gebete

## Beim Ultraschall

Das kleine Herz schlägt,
und ich möchte immer nur diesem Schlagen
zusehen.

Dabei wissen, dass es lebt,
dass es mit jedem Schlag kräftiger wird –
ein pochendes Wunder.

Du hältst das schlagende Herz in deiner Hand.
Was das Leben ihm wohl bringen wird?

So viele Möglichkeiten, o G*tt, so viele –
unbegreifbar, unabsehbar.

G*tt, du Herrin über Zeit und Ewigkeit,
bewahre es, bewahre uns. Amen.

## Vertrauen

Ich weiß noch nicht, wer ich sein werde, G*tt,
du aber kennst alle meine Möglichkeiten.

Du hast mein Werden gesehen,
du kennst mich näher als ich mich selbst kenne.

Ich möchte mich bei dir anlehnen, G*tt,
und darauf vertrauen,
dass ich in all das Neue hineinwachsen werde
und dass du da sein wirst.

# *Du siehst da*

Ungeduld

**Noch geheim**

Liebe

**Superkräft**

Unwirklich

Unsicherheit

Verborgene

Alles wird anders

So klein

So lange noch …

Wunder

Vorfreude

Amen.

# Das unbekannte neue Leben

*Ich erinnere mich an eine große Zärtlichkeit diesem noch ganz unbekanntem neuen Leben gegenüber. Ich war einerseits ungeduldig, wann man endlich etwas sehen könnte, und gleichzeitig waren diese ersten Wochen eine Zeit, in der es mein Geheimnis war. Ich habe immer wieder in den diversen Büchern geschaut, wie es jetzt wohl aussieht, was sich jetzt wohl entwickelt ...*

*Es war schön, dass ich mich so von außen unbemerkt schon an den Gedanken und die Gefühle gewöhnen konnte, bevor meine Schwangerschaft sichtbar und dann auch ein Thema für mein weiteres Umfeld wurde.*

# Die kleinen, unwillkürlichen Sätze II

Viele Religionen kennen die kleinen, unwillkürlichen Sätze, die so viel aussagen über uns und das, was wir glauben, und sie nutzen die Technik, diese Sätze auf das Göttliche auszurichten oder mit ihnen die eigenen Selbstheilungskräfte und inneren Ressourcen zu aktivieren – oder beides. Im Christentum wird diese Form oft als „Stoßgebet" bezeichnet, was insofern etwas irreführend ist, als es zumeist mit plötzlicher Gefahr verknüpft wird – aber das ist nur ein kleiner Bereich der Lebenserfahrung, in der so ein kleiner, unwillkürlicher Satz Wirkung entfalten kann. Geläufiger ist heute vielleicht der Begriff des Mantras, wie er aus den Religionen des indischen Subkontinents vor allem über Yogaschulen zu uns gekommen ist.

Im Grunde geht es darum, einen einfachen Satz oder eine einfache Anrufung so griffbereit zu haben, dass sie unwillkürlich abrufbar sind, sei es ein *(⇢) guter Satz zu mir selber* oder aber auch ein ausdrückliches Gebet. Hilfreich ist, wenn es nicht negativ formuliert ist – weder an sich selbst noch an G*tt –, sondern eine Einübung in Zutrauen und Hoffnung, in das, was Menschen groß, weit und frei werden lässt.

*Du hältst mich/uns.*
*Bewahre uns.*
*Bleib bei mir.*
*Du bist da.*

## *Mein kleiner Satz an G*tt:*

## Atmen

Atme bewusst tief ein und aus.
Folge deinem Atem, dem Ein-
und Ausströmen der Luft.
Er ist wie eine Schaukel,
die dein Leben trägt.
Lass dir Zeit.

Stell dir vor, wie der Atmen deinen Körper füllt und belebt, wie er dich durchströmt bis zu den Finger- und Zehenspitzen.

Dann lenke den Atem zu deiner Gebärmutter:

- Das Baby, das hier entsteht, wird von deinem Atem getragen.
- Du kannst deine Gefühle, deine Fragen in deinen Atem legen.

Du kannst dabei die Hände auf deinen Bauch legen, die Wärme der Berührung spüren.

Dann stell dir vor:

- Der Atem, der dich im Ein- und Ausatmen durchströmt, ist der Lebensatem, der von G*tt kommt.
- Er trägt dich. – Er trägt das Kind im Werden. – Er hält euch in G*ttes Gegenwart.

Folge diesem Strömen bewusst ein paar Atemzüge lang.

Dann verabschiede dich von dieser Übung – du kannst dazu mit den Händen von oben nach unten über deine Arme und deinen Körper streichen.

Es ist auch möglich, diese Übung als Paarübung zu machen, zum Beispiel hintereinander sitzend, wobei der*die andere die Hände auf deinen Bauch legt.

**Beachte dabei:**

Übungen zur Spiritualität miteinander zu teilen, ist etwas so persönliches und dabei oft zugleich ungeübtes, dass sich leicht Verlegenheit oder Scham einstellen. Nähere dich dem behutsam. Es ist zum Beispiel nicht nötig, direkt auch die Gedanken und Visualisierungen der Übung miteinander zu teilen, um Berührung und Atem zu genießen.

# Die Bibel zu …

## … der Entwicklung eines Kindes im Mutterleib

*„Als ich gewebt wurde im Dunkeln /*
*Kunstvoll gewirkt in den Tiefen der Erde /*
*Da waren meine Glieder dir nicht verborgen /*
*Deine Augen sahen, wie ich entstand …“*

Diese Gebetsworte stammen aus dem Psalm 139, der davon handelt, wie durchsichtig der Mensch und alles, was ihn ausmacht, für und vor G*tt ist, und dass G*tt ihn auch noch in der einsamsten Abgeschiedenheit umgibt.

Nun wussten auch die Dichter*innen der Hebräischen Bibel, dass Kinder nicht in der Erde wachsen. Dass die Entstehung des Kindes dennoch *„in den Tiefen der Erde“* verortet wird, ist ein Nachklang davon, dass eines von G*ttes alten, damals schon weitgehend abgelegten Gewändern das der Erdgöttin war, die für Fruchtbarkeit steht und deren Symbol uns heute noch geläufig ist: der Lebensbaum, dessen Wurzeln tief in die Erde und dessen belaubte Äste bis in den Himmel reichen.

Das Wort für *„Weben“* ist mehrdeutig, es kann genauso gut auch *„Schützen“* bedeuten. Alles, was an

Leben entsteht und Form annimmt, ist zugleich und immer schon beschützt, bewahrt und gehalten in G*ttes Blick.

*„Kunstvoll gewirkt"* schließlich ist eine Vokabel, die keine gewöhnliche Stoffherstellung meint, sondern feinstes Brokat, das für den Tempel und den Tempeldienst verwendet wird, also auch für einen Ort besonderer Gottesnähe. Aus solchem Stoff, dem wertvollsten aller Stoffe, sind Menschen gemacht.

**Und:** Alle Menschen teilen die vorbewusste Erfahrung, in einem anderen Organismus herangewachsen zu sein. Zusammen mit der sprachlichen Verwandtschaft der Wörter *„Barmherzigkeit"* und *„Gebärmutter"* im Hebräischen ergibt sich daraus eine wichtige Glaubensaussage: Wir kommen nicht aus uns selbst, sondern wachsen in G*tt heran.

# Wenn das Leben nicht mehr wächst

## Vorbemerkung

Dieses Kapitel gehört in ein Buch zur Schwangerschaft, weil die Möglichkeit immer besteht, dass eine Schwangerschaft vorzeitig endet. Es soll keine zusätzliche Sorge wecken, sondern für den Fall sein, dass es dich trifft – dann sollst du hier zumindest fürs Erste fündig werden, denn du bist nicht alleine mit dieser Erfahrung.

**Ansonsten:** Überblättere dieses Kapitel.

Der Möglichkeit, dass eine Schwangerschaft nicht glücklich endet, können wir nicht entgehen. Es kann einfach passieren, dass das Herz nicht beginnt zu schlagen, aufhört zu schlagen, der Embryo stirbt. Bei einer Blutung wird es direkt mit Wucht sichtbar, wenn erst der Ultraschall es zeigt, kommt diese Nachricht oft wie durch Watte, wie in einem bösen Traum.

Wenn die Schwangerschaft in einer frühen Fehlgeburt endet, ist es oft schwer, die Trauer darüber zu teilen. Vielleicht haben noch gar nicht viele Menschen von der Schwangerschaft gewusst – umso schwieriger ist es nun, davon zu erzählen. Denn auch wenn es nur eine kurze Zeit war, ist es Trauer um ein Kind und um alles, was damit verbunden war – Hoffnungen, Zukunftsvorstellungen, so viele Möglichkeiten.

Über diese Trauer zu sprechen, wird mittlerweile ganz allmählich leichter. Mehr Menschen haben ein Bewusstsein dafür, wie verletzend Sätze wie „Du bist doch noch jung" oder gar „es war ja noch gar kein Baby" sind. Es ist schwer, aber im Sprechen über eine Fehlgeburt kann es sich auch ergeben, dass andere Menschen ihre eigenen Erfahrungen damit teilen. Es sind so viel mehr Menschen, als man oft denkt. Darin, mit dieser Erfahrung nicht alleine zu sein, kann ein Trost liegen.

Die Trauer um eine glücklose Schwangerschaft braucht ihre Zeit.

Manchmal geht sie schnell vorbei, manchmal nicht. Nichts davon ist falsch. Die Seele hat ihren eigenen Rhythmus, und sie geht mit dem Verlust so um, wie es eben geht. Sie kann sich gewappnet und das entstehende Leben noch nicht tief in sich eingelassen haben, oder sie kann sich ganz auf diese neue Wirklichkeit eingelassen haben und dann umso tiefer vom Verlust getroffen werden – und zwischen beiden Polen gibt es viele Schattierungen. Das ist keine Frage von richtig oder falsch, sondern es sind einfach unterschiedliche Möglichkeiten, mit dem Leben umzugehen. Sie werden bestimmt davon, welche Erfahrungen die jeweilige Person in und mit dem Leben gemacht hat, ob sie skeptisch oder fraglos auf eine Hoffnung antwortet, ob sie gerade die Kapazität für große Gefühle hat oder nicht.

Dennoch sind Schuldgefühle nicht selten: Wenn ich nicht besonders intensiv trauere, habe ich das Kind zu wenig geliebt, ist es deswegen gegangen? Oder: Hat die Schwangerschaft geendet, weil ich mich nicht auf sie eingelassen habe, haben Befürchtungen dazu geführt, dass mein Körper die Schwangerschaft nicht gehalten hat? Auch diese Fragen sind normal. Niemand braucht sich für diese Fragen zu schämen, auch wenn sie klar mit „nein“ beantwortet werden können. Das Leben geht seine eigenen Wege, manches können wir ergründen und beeinflussen, anderes nicht, und wir brauchen Wege, damit umzugehen. Das sind, wie gesagt, keine Fragen von richtig oder falsch.

Manche Frauen nehmen schneller Abschied, manche langsam, und oft kommen Gefühle in Wellen. Alle werden diese Erfahrung in ihr weiteres Leben mitnehmen – die Erfahrung, dass das Leben zerbrechlich ist. Es kann schwer sein, danach wieder Zutrauen in seine Kraft zu entwickeln. Vielleicht dauert es länger, bis dieser Boden wieder trägt.

Nicht selten machen Frauen nach einer Fehlgeburt die Erfahrung, dass sie erst um den errechneten Geburtstermin die Trauer fließen lassen können, was so schmerzlich wie in gewisser Weise auch erleichternd sein kann.

In jedem Fall ist nach einer Fehlgeburt die Hormonumstellung so groß wie nach einer zeitgerechten Geburt. Auch im kleinen Wochenbett nach einer Fehlgeburt braucht es Zeit für die körperliche Erholung, Schonung und Behutsamkeit des Umfelds.

## Wofür?

O G*tt, es ist vorbei.
So viel Hoffnung, plötzlich am Ende.

Mein Kopf ist leer, und ich weiß nicht wohin
mit meiner Trauer, mit meiner Verzweiflung,
mit diesem riesigen Fehlen.

Ich hatte gehofft, ich hatte es schon vor Augen:
ein neues Leben,
eine ganze Welt voller Möglichkeiten.

O G*tt, ich weine um mein kleines Kind.

~

G*tt, wozu?
Hättest du das nicht verhindern können?
Wenn du das Leben bewahrst,
wozu hast du mein Kind sterben lassen?
Ich möchte dir meine Verzweiflung entgegenschreien:
Wozu bist du G*tt,
wenn du da einfach zusehen kannst?
Bist du so gleichgültig?
Ich möchte dich anschreien und bei dir weinen.
Bleib bei mir, G*tt.

## Trauer

All das ungelebte Leben –
dass du es bewahren mögest, G*tt.

Dass du die Fülle für mich bewahren mögest,
die mir so bitter fehlt.

Meine Liebe und meine Hoffnung
sind zu meiner Trauer geworden.

Und mein Glaube –
der wird zu deiner Trauer.

Du muss das mit mir aushalten, G*tt,
und ich mit dir.

Du und ich. Wenigstens das.

## Verlust

Ich trage dein Fehlen mit mir wie eine zweite Haut.
Meistens bedecke ich sie, manchmal nicht.

Dann ist sie empfindlich. Zu lange
darf sie nicht ans Licht.

Wir üben das noch. Wir haben ja noch
mein ganzes Leben lang Zeit.

## Trauer, später

Einmal werde ich meine Trauer an die Hand nehmen
und mit ihr Eis essen gehen.

Wir werden den Enten am Brunnen zusehen
und ich werde ihr von der Zeit erzählen, als es sie
noch nicht gab.

Meine Trauer wird große Augen machen
und versuchen, sich das vorzustellen.

Und ich werde ihr sagen, dass sie zu mir gehört
und dass ich mir mein Leben auch nicht mehr
vorstellen kann ohne sie.

Und dann werden wir barfuß über die Wiese
zurückgehen.

# *Es is*

**Wozu?** Und jetzt?

Ich hatte so gehofft

**Trauer**

Wo bist du?

Halt mich fest

vorbei …

**Abgrundtief**

Nein

Ich halte das nicht aus …

**G*tt**

Leer

Mein kleines Kind

*Amen.*

Erfahrung

# Etwas stimmt nicht

*Als ich in der 10. Woche Blutungen bekam, ist es mir durch Mark und Bein gefahren. Ich war damals in einer Fernbeziehung, und ich habe mich in den Zug gesetzt, weil meine Frauenärztin in der Stadt meines Partners war …*

*Auf der Zugfahrt habe ich die ganze Zeit in Gedanken mit dem Kind geredet, ich habe ihm gesagt, wie sehr ich es liebe und hoffe, dass es bleiben kann, aber dass es gehen darf, wenn es das will. Ich hatte schon ein Ultraschall-Bild, und jedesmal, wenn ich es angeschaut habe, sind mir die Tränen nur so gelaufen.*

*Es war ja noch so klein, aber für mich war es schon so sehr mein Kind …*

*Abwarten, sagte meine Frauenärztin, und damit bin ich in eine lange Nacht gegangen. Als am nächsten Morgen die Blutung schwallartig stärker wurde, war ich im ersten Moment fast erleichtert, weil das Hoffen und Bangen jetzt ein Ende hatte.*

# Abschied

Wenn eine Schwangerschaft so früh endet, dass keine Bestattung möglich ist, kann ein Abschiedsritual trotzdem und umso mehr gut tun. Die Trauer um eine frühe Fehlgeburt kann genauso intensiv sein und genauso in Wellen kommen wie jede andere Trauer auch, und ähnliche Rituale können geeignet sein, sie greifbar zu machen und sie ins Leben zu integrieren.

Das kann ein Brief an das ungeborene Kind sein, vielleicht im Anschluss an das Schreiben verbrannt, oder eine Blüte, die auf einem Fließgewässer schwimmen gelassen wird. Das kann eine gestaltete Kerze zum Andenken sein oder eine bestimmte Zeit am Tag, vielleicht auch an einem bestimmten Ort, die für Trauer und Tränen reserviert ist.

Es kann hilfreich sein, so ein Ritual erst am errechneten Termin zu feiern oder dann zu wiederholen, vielleicht in einer abgewandelten Form.

## Abschiedsworte für mein kleines Kind …

# Die Bibel zu ...

# ... Fehlgeburten

Es gibt nur wenige Hinweise darauf, wie zu biblischer Zeit mit Fehlgeburten umgegangen wurde. Nur im Buch Hiob gibt es einen Seitenblick darauf, der jedoch zeigt, dass das Thema bekannt war.

Manche Dinge ändern sich scheinbar nie – auch heute wird das Thema Fehlgeburt nur selten besprochen und kaum jemals im religiösen Kontext erwähnt. Es wird aber häufiger und das tut vielen Menschen mit dieser Erfahrung gut. Es ist auch noch nicht lange möglich, dass sehr viel zu früh geborene Kinder überhaupt bestattet werden. Und so lautet denn der kleine Vers aus dem Buch Hiob:

*„Wäre ich doch wie eine Fehlgeburt verscharrt worden.“*
(Hi 3,16)

**Aber:** Psalm 22 eröffnet eine Perspektive, dort heißt es nämlich in Vers 30: *„Es werden G*tt loben, die ihr Leben nicht konnten erhalten.“* Die nicht zum Leben kommen konnten, die nicht nach einem über eine sichtbare Dauer hinweg gelebten Leben sterben, auch sie sind nicht getrennt von G*tt ...

... oder wie ich es übertragen würde: Sie sind in G*tt gehalten und bewahrt.

# Die Bibel zu ...

# ... Warum-Fragen

Ausgerechnet das biblische Buch der Psalmen, das Gebetbuch der Bibel, stellt die Warum-Frage nicht. Es gibt ein hebräisches Wort für die Frage *„Warum?“*, *„Madua?“*, aber im Buch der Psalmen kommt es nicht vor. Hier wird nur das Fragewort *„Lama?“* verwendet, und das lässt sich am besten mit *„Wozu?“* ins Deutsche übersetzen. Das bekannteste Beispiel dafür ist sicherlich Psalm 22, der Sterbespsalm Jesu, der mit den Worten beginnt: *„Mein Gott, mein Gott, wozu hast du mich verlassen?“*

Trotz der gesicherten Wortbedeutung *„Wozu“* übertragen viele Bibelausgaben weiterhin mit der früheren, ungenaueren, aber vertrauten Übersetzung *„Warum hast du mich verlassen?“*. Die die biblischen Texte geschrieben hatten, scheinen gewusst zu haben, dass wir auf manche Fragen des Lebens keine Antwort finden, sondern mit ihnen leben oder sterben müssen. Aber in dieser Ohnmacht ist die Zukunft nach vorne hin offen, weil es G*ttes Zukunft ist.

Das ist übrigens etwas sehr anderes als der vermeintliche Trost *„Wer weiß, wozu es gut war“*. Trauer und Verlust, Schicksalsschläge und Not sind nicht deswegen zu ertragen, weil sie auch irgendwelche positiven Effekte haben. Umgekehrt können

Menschen im Nachhinein solche existenziellen Krisenerfahrungen in ihre eigene Lebenserzählung einbauen. Dann war die Erfahrung zwar zu etwas gut, aber nicht, weil eine göttliche Macht das so geplant hätte.

**Und:** Dieses Zu-etwas-gut-Sein ist etwas strikt Persönliches, das entfaltet man selber, wenn es möglich ist, oder nicht. Es für jemand anderen zu deuten, daraus gar noch einen Anspruch zu machen, schneller mit der Trauer fertig zu werden, ist übergriffig. Wenn damit eine religiöse Deutung verbunden wird, ist es religiös bzw. spirituell übergriffig.

Wenn die mit der Frage „*Wozu?*" verbundene Offenheit der Zukunft G*ttes nicht das gleiche ist wie das abwiegelnde „*Wer weiß, wozu es gut war*", was ist dann damit gemeint? Vielleicht so: Auf die Frage „*Warum?*" werden wir von G*tt keine Antwort bekommen, und oft genug auch von sonst niemandem. Wenn man aber fragt „*Wozu, G*tt?*", dann kann diese Frage Kräfte freisetzen: des Zorns und der Klage, der Anklage auch, sie kann Ohnmacht und Nichtwissen ins Wort bringen, und sie hält allein durch die Fragerichtung auf Zukunft hin doch die Möglichkeit offen, dass neue Hoffnungen sich allmählich zeigen, und dass es möglich erscheint, weiterzuleben. Das ist nach einer Fehlgeburt oder gar nach mehreren schon sehr viel.

*Wozu?*

Helle
Stunden

Wenn die belastendsten Schwangerschaftsbeschwerden abklingen, beginnt für viele Schwangere eine Zeit, in die sie sich als sehr kraftvoll, energiegeladen und stark erleben. Die großen körperlichen Umstellungen sind geschafft, aber die Schwangerschaft ist auch noch nicht so weit fortgeschritten, dass sie körperlich mühsam wird und die Schwangere daran im Wortsinne schwer zu tragen hat. In dieser Zeit der unmittelbar erlebbaren Lebenskraft kann auch das spirituelle Leben wachsen – in Dankbarkeit, in der deutlichen Wahrnehmung von Lebenskraft, im innerlichen Andocken an die Lebenskraft G*ttes, die alles Leben ins Dasein ruft, durchwirkt und erhält.

Es ist auch eine Zeit, in der der Kontakt zum Ungeborenen wächst, weil es sich mehr und mehr durch Bewegungen bemerkbar macht und auf Berührungen reagiert. So vieles kann sich nun mehr und mehr im Fortschreiten der Schwangerschaft erschließen: dass Leben aus Liebe und Fürsorge kommt, dass auch das noch Unsichtbare lebt und zum Licht drängt, dass jedes Wachstum, jede Entwicklung zwar erforschbar und erklärbar, aber dennoch nicht selbstverständlich, immer verdankt und letztlich ein Wunder ist.

Schwangere Menschen sind sehr dicht dran an diesem göttlichen Ursprung des Lebens, und das ist auch eine schöne Gelegenheit, das eigene G*ttesbild über die engen Grenzen des Gewohnten hinaus wachsen zu lassen. Denn G*tt ist so viel mehr als

HERR und Vater, und im Erleben der Schwangerschaft kann das eine religiöse Erfahrung werden: dass G*ttes Barmherzigkeit dem Leben gilt, das nicht nur sterblich, sondern vor allem auch gebürtlich ist.

# Gebete

## Selig

G*tt, mein Herz ist so froh,
meine tiefste Seele so voller Dank.
Du Schöpferin des Lebens,
ich breite meine Dankbarkeit,
meine Liebe vor dir aus.

Du siehst mich, du siehst mein Kind,
du kennst seine kleine Seele,
seine Möglichkeiten, sein Wachsen.

Bewahre uns in deinem Blick,
du G*tt Schöpferin, Erste und Letzte,
du unfassbar Gewaltige, Himmelweitferne,
du Unverdiente, meine Lebensfreundin.

Dir atme ich zu, meine Seele singt,
singt dir Seligkeit,
denn du bist groß,
und das Leben, das du schaffst,
ist ein Wunder für mich.

## Geborgen

Um mich herum tobt das Leben, G*tt,
aber ich bin innerlich woanders,
ich bin bei meinem kleinen Kind,
das wächst im Verborgenen.

In mir ist eine große Ruhe,
in der das Leben sich seinen Weg bahnt,
und darin bist du, du G*tt, am Grund von allem,
und bei dir darf ich sein.

Ich bin so froh um deine Gegenwart,
du meine Gottheit. Amen – und danke.

# *Sieh mein*

**Kraft**

Mein Baby

Vorfreude

Innig

**Glücklich**

Erfüllt

Getragen

Freude, G*tt

Geborgen

Fülle

Erwartung

Dankbar

eu

Geschenk

Liebe

Amen.

# Neue Maßstäbe

*Als ich mein erstes Kind erwartete, ich war im fünften Monat, war da diese eine Situation auf der Arbeit, als ich im großen Besprechungsraum saß und wusste, das ist jetzt ein wichtiger Termin, aber ich war ja auch schwanger, und das war wichtiger.*

*Natürlich habe ich mich vorbereitet und war konzentriert dabei und alles, aber untergründig war da die ganze Zeit diese große Freude: Da ist noch etwas, ich trage mein Kind in mir, und alles andere verliert dagegen an Gewicht.*

*Die Maßstäbe hatten sich verschoben, die Arbeit, so sehr ich sie gemocht habe, war eben nur eine Arbeit, nicht mein Leben, und ich war so glücklich darüber, dass es noch so viel mehr im Leben gab als diesen Termin im großen Besprechungsraum.*

# Positives teilen

Oft fällt es Menschen leichter, mit anderen über Negatives zu sprechen, sich gemeinsam aufzuregen oder zu kritisieren, als miteinander über das zu reden, was ihnen wirklich wichtig ist, was ihr Leben hell macht, wofür sie dankbar sind.
Mag sein, dass es die Sorge ist, bei anderen einen wunden Punkt zu treffen, zu viel von sich zu erzählen oder sich vorzudrängen. Aber sich über das auszutauschen, was Kraft gibt, was glücklich macht, worauf man sich freut, das tut gut und verbindet.

Wenn es vom Setting her passt und du von jemandem angesprochen wirst, der*dem du vertraust, dann antworte doch einmal auf die Frage, wie es dir geht, bewusst mit dem, was dich gerade glücklich macht – vielleicht auch mit dem, was in deiner Schwangerschaft gerade die hellen Stunden sind. Und wenn du andere (Schwangere) triffst, dann frag vielleicht einmal bewusst nach dem, was sie glücklich macht, was ihre Kraftquellen sind.

**Und:** Wenn jemand anderes dich glücklich macht, eine Kraftquelle für dich ist, du ihr*ihm dankbar bist für etwas oder du einfach etwas richtig gut findest, dann sag ihr*ihm das ruhig einmal. Positive Rückmeldungen sind etwas sehr Schönes und Kraftgebendes.

Wofür ich dankbar bin:

# Die Bibel zu ...
# ... weiblichen Gottesbildern

Im Deutschen ist das Wort *„Gott“* männlich: Gott, er. Auch viele traditionelle Bilder für G*tt sind männlich: Vater, König, Herr, Hirte. Wenn G*tt angeredet wird, dann meist männlich: *Guter Gott*. Nun sind unsere Worte, Bilder und Vorstellungen natürlich menschlich und wir bekommen mit ihnen nur kleine Bruchstücke von G*ttes Wirklichkeit zu fassen. Hier mehr Bilder auszuprobieren oder andere grammatikalische Formen zu wählen ist meist ungewohnt. Hilfreich kann dabei wiederum sein, sich an biblischen Texten zu orientieren, denn diese sind weit offener, als wir heute oft meinen.

Besonders im Buch der Psalmen wird G*tt in vielen Bildern angesprochen: als Herr, als Richter, als Retter, aber eben auch als Mutter, als Licht, als Naturkraft, als Hebamme. Die Gebetstexte versuchen keine Definition, wer oder wie G*tt ist, sondern verwenden Bilder, die ineinander übergehen, die verschiedene Erfahrungen mit G*tt ins Wort bringen.

Der Name G*ttes, der in der jüdischen Tradition nicht mehr ausgesprochen wird und damit darauf verweist, dass G*tt auch die Grenzen der Sprache übersteigt, ist in der später entwickelten biblischen Geschichte, wie es zu diesem Namen kam, geschlechtlich neutral: Mose am brennenden Dornbusch fragt G*tt nach seinem Namen und hört die Antwort aus den Flammen: *„Ich bin, der/die/was ich bin."* Das hebräische Wort an dieser Stelle kann man tatsächlich mit *„der"*, *„die"* oder *„was"* übersetzen, denn es ist neutral.

Immer wieder wird G*ttes Sorge für das Volk Israel auch mit dem Bild ausgedrückt, dass G*tt das Volk geboren hat, es stillt und trägt. *„Habe denn ich das Volk geboren, dass ich es nun auf der Hüfte tragen soll?"*, fragt Mose G*tt, als er mit dem Auszug aus Ägypten überfordert ist (Num 11,12), *„Du hast vergessen den Fels, der dich geboren hat"*, erwidert G*tt an späterer Stelle (Dtn 32,18).

Auch prophetische Texte benutzen dieses Bild einer sehr frühen menschlichen Erfahrung, aus einer Zeit, die nur untergründige Gefühle in der Seele hinterlässt: G*tt ist für ihre Töchter, Söhne, Kinder des Lebens so wie eine Mutter, die ein Kleinkind auf den Knien schaukelt, zärtlich, aufmerksam und zugewandt. G*tt hält und trägt ihre Kinder wie Mütter ein Kleinkind auf der Hüfte tragen, nah, sicher und fest:

*„Ihre Säuglinge sollen auf der Hüfte getragen*
*und auf den Knien geschaukelt werden ...*
*Wie eine Mutter tröstet, so will ich euch trösten."*
(Jes 66,12–13)

Ein Bild großer Geborgenheit zeichnet Psalm 131, in dem die Beterin sich mit einem abgestillten Kind vergleicht, im Alten Orient also einem Kleinkind von etwa drei Jahren: Es kommt nicht deshalb zur Mutter, weil es muss, um nicht zu verhungern, sondern weil es will und weil es weiß, dass es dort geliebt und geborgen ist:

*„Ewige, mein Herz will nicht zu hoch hinaus,*
*meine Augen schauen nicht überheblich.*
*Ich gehe nicht nach Dingen,*
*die zu groß und unfassbar für mich sind.*
*Ja, gemäßigt und beruhigt habe ich meine hungrige*
*Seele wie ein abgestilltes Kind bei seiner Mutter.*
*Wie das abgestillte Kind*
*ist meine hungrige Seele bei mir.*
*Warte, Israel, auf die Ewige –*
*von nun an für immer."*

(Übersetzung: Bibel in gerechter Sprache)

# Dunkle Stunden

Eine Schwangerschaft ist körperliche Schwerstarbeit: in den ersten Wochen vor allem durch die Hormonumstellungen, mit denen der gesamte Stoffwechsel auf die Versorgung des Embryos eingestellt wird, später dann, weil allein das zu tragende Gewicht – des Kindes, des Fruchtwassers, der erhöhten Blutmenge ... – schwer auf der Schwangeren lastet und alles anstrengender macht. Eine rundum glückliche, unbeschwerte Schwangerschaft ist nicht die Norm, auch wenn es vielfach so scheinen mag.

Eine Schwangerschaft ist auch seelische Schwerstarbeit. Erwartungen der Umwelt, Zukunftssorgen, nicht selten auch Stress in der Partnerschaft, weil eine Schwangerschaft auch dieses System neu vor existenzielle Fragen stellt: Das Durchleben großer Umstellungen ist nicht nur hell und schon gar nicht nur einfach. Aber die dunklen Seiten der Schwangerschaft sind nicht leicht zu benennen. Oft wagen Menschen nicht einmal vor sich selber, sich Gefühle der Ablehnung, des Widerstands gegen die Inbesitznahme des eigenen Körpers, der Überforderung einzugestehen und zuzugestehen.

Damit kann eine Schwangerschaft schließlich auch eine religiöse Herausforderung sein: Zu ungewohnt ist es, G*tt nicht nur zu danken, sondern auch die eigenen Dunkelheiten ins Gebet zu bringen. Gerade wenn die Erwartungen der Umgebung Dankbarkeit und Glücklichsein sind, dann kann das Gebet aber zu einem Freiraum und damit zu einem Kraftraum werden, in dem die dunklen Seiten nicht überschminkt werden müssen. Spiritualität kann dann bedeuten, die dunklen Seiten anzuschauen, sie sein zu lassen und mit ihnen umzugehen: die Ohnmacht und das Nicht-Wissen, die Überwältigung durch körperliche Beschwerden, die Zwiespältigkeit der eigenen Gefühle, die Angst, den Zweifel und die Ablehnung. Das ist dann nicht nur passives Erleiden und Aushalten, sondern darin liegt auch die Erfahrung von Widerstandskraft und Stärke.

## Müdigkeit

Ich habe das nicht gewusst, G*tt,
du meine Schöpferin, ich habe das nicht geahnt:

dass Tage so mühsam sein können,
dass mich etwas so gründlich bezwingen könnte
wie diese Schwangerschaft.
Keine Krankheit, sagen sie um mich herum,
aber mir ist so elend, so elend,
und ich quäle mich durch die Stunden,
durch Müdigkeit und Übelkeit,
durch Schwärze und durch Mutlosigkeit.
Es scheint so endlos, so elendig endlos.

Halte du mit mir aus, o G*tt,
halte aus, halte du für mich aus.

## Durchhalten

Es ist mir so schwer, Ewige.
Wie du auch heißt –
Mutter, Schöpferin, Lebendige –
und wer du auch bist, du Mehr-als-Vater,
wenn du der Grund von allem bist,
warum lässt du es so mühsam sein?

Es ist mir so schwer,
und ich muss durchhalten
und weiß nicht wie.
Halte du für mich durch, halte mich,
halte du mich doch durch.
Dass du mich halten wirst,
das möchte ich glauben,
aber zum Glauben gehört Kraft
und die habe ich nicht über.
Hast du genug Kraft für uns beide?

Ich überlasse dir die Freude,
die ich nicht empfinden kann,
und die Hoffnung, die mir zu groß ist.
Du wirst sie bewahren,
und du verlässt mich nicht,
und auch wenn ich mir selber mein Beten
nicht glaube,
bleibst du doch G*tt, du Heilige, Lebendige,
bleibst du über mir
für die Dauer der Tage.

# Auch die dunkle

**Mühe**

Mir tut alles we

Aushalten

**Angst**

Durcheinander

Sieh auf mich

Immer noch ich

**Last**

Bewahre mich .

Hoffen

Stunden gehören dir

Nein Durchhalten

Trotzdem **Wut**

weifel Wie lange noch …

st du da? Du Heilige

**Bleib bei mir**

usgeliefert

Amen.

Erfahrung

# Die erste Schwangerschaft

*Von den ersten Monaten meiner ersten Schwangerschaft weiß ich nicht mehr viel: außer, dass ich so unfassbar müde war. Noch nie zuvor in meinem Leben hatte ich eine solche Müdigkeit erlebt, die mich so fest im Griff hatte, dass gar nichts mehr ging, außer mich hinzulegen. So viele Tage, an denen ich schon beim Aufwachen wusste, dass ich in spätestens zwei Stunden wieder völlig erschöpft sein würde.*

*Die wohlmeinenden Menschen um mich herum haben es nicht besser gemacht: Ich sei ja nicht krank. Als ob eine Schwangerschaft ein Frühlingsspaziergang sein müsste ... mir kam es eher vor wie einen Marathon laufen zu müssen, nur ohne Training, und dann die Strecke nur noch kriechen zu können.*

*Im Nachhinein fällt es mir schwer, mich an dieses Gefühl zu erinnern, und das ist wohl auch besser so. Ich habe es überstanden.*

# Die zweite Schwangerschaft

*Anders als mein erstes Kind war das zweite geplant. Umso mehr hat mich die Wucht meiner inneren Abwehr überrollt, die auf die erste Freude folgte. Ich konnte nichts anderes denken als „Ich will das nicht". Ich habe mich selbst nicht verstanden, und ich habe das als sehr belastend empfunden.*

*Im Nachhinein glaube ich, ich hatte einfach schon einmal erfahren, wie groß und anstrengend die Umstellung ist, wenn frau Mutter wird, und die Ablehnung kam aus einer berechtigten Furcht davor, das erneut zu durchleben.*

*Später, als ich Schritt für Schritt durch die Schwangerschaft gegangen bin, ist mein Gefühl dann hinterhergekommen und die Abwehr hat nachgelassen, bis sie ganz verschwunden war. Ich hätte gern mit jemanden darüber gesprochen, dann hätte ich mich vielleicht weniger allein gefühlt.*

## Frage: Was hilft mir bei Ängsten?

*Es wird vorübergehen.*
*Gib mir Kraft.*
*Du und ich.*

## Mein kleiner Satz für dunkle Stunden:

# Schutzraumzeit

Wenn die Schwangerschaft als eine schwierige Zeit erlebt wird, können die Ursachen vielfältig sein: Erwartungen des Umfelds, Einmischungen auch, mit dem sichtbaren Bauch quasi Allgemeingut zu sein, mit Fragen, Bemerkungen und vor allem mit Ratschlägen konfrontiert zu werden, ob man will oder nicht ... Verschärft wird es, wenn man trotz aller Gespräche nicht mit dem gehört wird, was wirklich gerade ansteht – Zweifel, Zukunftsängste, körperliche Beschwerden: Umso alleiner ist man dann damit.

Es kann hilfreich sein, gerade in solchen Zeiten einen Ort zu haben, der ein Schutzraum ist, und sich regelmäßig, und sei es jeweils nur kurz, dort eine Zeit zum Durchatmen zu nehmen. Wenn es möglich ist, dann kann es gut tun, in diesen Zeiten bewusst die Gedanken auf das Gute zu richten, um die eigenen Ressourcen aufzufüllen – mit einem kurzen Gespräch mit dem ungeborenen Kind oder indem du bewusst an das denkst, was dir in der Zeit seit der letzten Pause begegnet ist, wofür du dankbar bist. Viele Menschen erleben es als hilfreich, das aufzuschreiben.

Überhaupt kann auch Tagebuch schreiben helfen, sich zu sortieren, klarer zu sehen und in gutem Kontakt mit sich selber zu sein, dafür brauchen es keine langen Einträge zu sein. In der Schutzraumzeit kann auch Lieblingsmusik ihren Platz haben, etwa indem die Zeit mindestens so lange dauert, wie der aktuelle Lieblingssong läuft.

In der Schutzraumzeit haben Grübelgedanken dann Pause – sie gehören dort nicht hin. Wenn sie auftauchen, schick sie wieder weg, notfalls immer wieder. Wenn es produktive Gedanken sind, kannst du natürlich auch entscheiden, sie weiterzudenken.

Wenn es schon ältere Kinder in der Familie gibt, kann das schwierig zu realisieren sein. Dann ist es vielleicht nicht der Sessel am Fenster, sondern allein im Auto zu sitzen, nachdem man das ältere Kind zum Kindergarten gebracht hat, oder eine Pause in der Zeit, wenn das ältere Kind schläft. Natürlich gäbe es in solchen Pausen genug zu erledigen, oder du brauchst selber auch die Zeit zum Schlafen – dann kann es vielleicht die Zeit vor dem eigenen Einschlafen sein.

# Die Bibel zu …
# … Mühen in der Schwangerschaft

Die Erfahrung, dass schwanger sein sehr mühsam sein kann, ist sehr alt. Heutige Schwangere sind damit nicht alleine, sie sind nicht zu wenig hart im Nehmen, wie bisweilen unterstellt wird, wenn es etwa heißt, früher konnten sich Schwangere auch nicht schonen und haben nach der Geburt sofort weitergearbeitet …

Ja, es gab und gibt Umstände, in denen Schwangere ohne Schonung blieben und bleiben, aber entsprechend hoch waren und sind auch die Komplikationsraten, die Häufigkeit körperlicher Spätfolgen bei den Müttern und ja, auch die Sterblichkeitsraten von Mutter und Kind.

Die Mühen der Schwangerschaft thematisieren auch sehr alte Texte wie die Erzählung-vom-Anfang-von-Allem in der Hebräischen Bibel: wie die Menschen im Paradiesgarten lebten, bis die Frau nach dem Gespräch mit der Schlange von den Früchten des verbotenen Baums aß und auch ihrem Mann davon gab, wie ihnen dann die Augen aufgingen und sie dann ihre Nacktheit erkannten, und wie sich das Paradies der Sorglosigkeit dann vor ihnen verschloss und sie mit Trennung, Scham und Beschwernissen umgehen mussten. Die Mühen der Schwangerschaft gehören zum schweren Leben außerhalb des Paradiesgartens. *„Unter Mühen wirst du Kinder bekommen“*, sagt G*tt in dieser Geschichte zu Eva (Gen 3,16).

Die Erzählung vom Paradies und wie die Menschen es verlassen mussten, will einen Grund sichtbar machen, warum die Dinge sind, wie sie sind. Sie bringt gleichzeitig ins Wort, wie aus dem Naturwesen Mensch ein Kulturwesen wurde: Die Menschen werden es in der Geschichte durch das Essen der Früchte vom verbotenen Baum – dass es ein Apfel gewesen sein soll, kommt erst durch seinen lateinischen Namen *„malus“*, und dessen Doppelbedeutung als *„Apfel“* und *„schlecht“* nachträglich in die Bilder zur Geschichte hinein.

Durch das Essen soll geschehen, was in der Bibel sonst ausschließlich positiv bewertet wird: dass ihnen die Augen aufgehen, sie Erkenntnis gewinnen und wie G*tt werden. Wie G*tt zu werden, wird in den übrigen altorientalischen Religionen mit Zeugungsgeschichten bebildert, in der Hebräischen Bibel ist es eine Konsequenz der erwachten Fähigkeit zum Treffen eigener Entscheidungen. Dass die Menschen ihre Nacktheit erkennen und sie zu bedecken versuchen, verdankt sich einem Wortspiel mit den im Hebräischen gleich erscheinenden Wörtern für *„klug“* und *„nackt“*. Das Leben, in das diese Menschen mit ihrer Erkenntnis nun entlassen werden, hält für sie beides bereit: die Mühen des Alltags und die Möglichkeit, sich dem zu nähern, was diese Mühen übersteigt.

Es ist wichtig, die Geschichte als Erklärung zu verstehen, wieso das Leben in einer guten Schöpfung so mühsam sein kann, für alle Beteiligten: Männer, Frauen und die Repräsentantin der bedrohlichen Tiere, die Schlange. Mit dieser Geschichte ist zwar eine negative Bewertung von Sexualität begründet worden, und unfassbar viel frauenfeindliche Schlüsse sind daraus gezogen worden, aber in der Geschichte selbst ist das so nicht angelegt. Man kann daraus auch lesen, dass die Mühen von Schwangerschaft und Geburt schon vor mehreren Tausend Jahren eine Realität war, mit denen man umgehen musste. Heutige Schwangere können wissen: Sie sind nicht allein mit der Erfahrung der dunklen Seiten der Schwangerschaft, es gibt diese Erfahrung durch die Zeiten hindurch.

**Und schließlich:** In der Geschichte bezeichnet sich die Gottheit selbst als Instanz, die die dunkle Seite des Kinderbekommens über die Menschen verhängt. Die dunklen Seiten von Schwangerschaft und Geburt lassen die dunklen Seiten G*ttes erahnen. Sie können weit hineinführen ins Geheimnis des Lebens mit seinen Abgründen und Gegensätzlichkeiten, ins Geheimnis des Ineinanders von Todesschmerz und Lebenskraft, ja mitten in die mehr zu ahnende als zu wissende Wirklichkeit des Schmerzes-zum-Leben (Elizabeth Johnson) hinein.

# Wachsen und Werden

Wenn die Schwangerschaft allmählich sichtbar wird, wird sie auch öffentlicher: Menschen sprechen die Schwangere darauf an, es gibt Fragen, Glückwünsche, Ratschläge. Nicht immer ist das angenehm, etwa wenn es unvermittelt zu privat wird. Es gibt aber auch die Erfahrung von Rücksichtnahme, Unterstützung und geteilter Freude, und damit die Erfahrung, dass Leben in Kontakt und Solidarität gedeiht. Das Kind nimmt Gestalt an – auch in der Wahrnehmung von außen, aber noch deutlicher in den ersten Bewegungen, beim Abhören der Herztöne, bei der Namenssuche. Es ist noch verborgen und doch schon erkennbar, es zeigt ansatzweise, welche Töne und Berührungen es mag, wann es sich erschreckt, wann es schläft.

Manche Diagnostik steht an, nicht immer ist das beruhigend und gut eingebunden in menschlichen Kontakt, manche Schwangerschaftsbeschwerden treten erst jetzt auf – ein zweites Leben zu versorgen, wird auch nach den großen körperlichen Umstellungen der Anfangszeit nicht unbedingt leicht, erst recht, wenn es nicht das erste Kind ist.

Die Gedanken an die Zukunft werden noch stärker davon bestimmt, das Kind mitzudenken – der Geburtsmonat rückt näher, aber noch ist es eben die Zeit davor. Die Erwartung ist groß, was danach kommt, ist noch unbekannt. Es wird erhofft, aber die Hoffnung hat auch bange Seiten – es ist nicht sicher, dass alles gutgeht, und bisweilen nagt die Frage, ob man das schaffen wird. Religiös ausgedrückt könnte man sagen: Das Kind ist eine Verheißung, und wie jede Verheißung nimmt auch diese die Beteiligten in Verantwortung. In dieser religiösen Deutung darf man aber hinzufügen: Die Beteiligten – die Schwangere, ihre Umgebung, die Familie ... – müssen diese Verantwortung nicht allein tragen, sondern dürfen der Zusage G*ttes trauen, dass das, was kommt, in G*tt geborgen ist, so wie das Kind gerade im Bauch seiner Mutter.

## Ein Name für mein Kind

Du lässt dich bei so vielen Namen nennen,
G*tt, du Erste und Letzter, Freundin,
Mutter, Schöpferin, Barmherzige, Starke,
Gnädiger, Retter, Richterin, du meine Zuflucht,
Ewige, Heilige, Lebendiger, du Ursprung,
Lebenskraft und lichtvolle Gegenwart.

Du hast so viele Namen, G*tt,
weil du uns sonst zu groß bist,
und mein so kleines Kind
hat schon einen Namen bei dir.
Es soll gut leben können mit seinem Namen,
ein Name, der ihm sagt: Du bist geliebt.

Du vertraust mir an,
meinem Kind einen Namen zu geben,
mit dem du es rufen kannst,
du, die du mit keinem Namen zu fassen bist,
du G*tt für uns – Amen.

## Deine Geduld

Ich will noch ich selber bleiben, G*tt,
nicht nur die, die ein Kind erwartet,
nicht nur die, die jeder mit Ratschlägen
eindecken kann.
Manchmal möchte ich einfach nur für mich sein,
einfach nur guter Hoffnung sein.

Mein Leben geht weiter,
während mein Baby wächst,
und ich wünsche mir, dass du bei mir bleibst,
auch wenn ich ungeduldig bin oder genervt,
denn du weißt ja, wie uns das Leben
manchmal stresst.

Bei dir muss ich nicht lächeln,
keine Erwartungen erfüllen,
bei dir darf ich sein, wie ich gerade bin.
Es tut gut, G*tt, wenn du mich ansiehst
und ich bei dir nichts erklären muss.

Du bleibst, wenn sich alles neu sortiert,
und bei dir darf ich sein,
und hineinwachsen in alles, was kommt,
denn deine Geduld ist groß.
Du bist G*tt, die mich sieht,
und in meinem Mutterwerden bist du
wie eine Mutter für mich –
daran will ich mich halten. Amen.

*Leben*

**Erwartung**

Bewahre ur

So viel Liebe

**Dankbar**

Abwarten

Wie wird es sein?

das wächst

Es wächst

Mein Baby ...

Bald

Verbindung

Freude

Du Ewige

Lebenszeichen

Amen.

# Das erste Spüren

*Es gibt ja eine Menge Aberglaube rund um die Schwangerschaft und Orakel, welches Geschlecht das Kind wohl hat:*

*Wenn es zum ersten Mal auf der linken Seite tritt, ist es ein Mädchen, rechts ein Junge. Oder umgekehrt, ich kann es mir nicht merken, ist ja auch eh Quatsch oder Statistik-Zufall.*

*Aber ich weiß noch, wie ich mein erstes Kind zum ersten Mal deutlich gespürt habe:*

*auf dem Rücken liegend beim Telefonat mit meinem Partner. Ich hatte noch nie zuvor eine Kindsbewegung gespürt, aber da war sie. Ein kräftiger Stoß von innen, genau in der Mitte meines Bauchs. Ich war total fasziniert davon. Ich habe zurückgestupst und dann kam der zweite Tritt.*

*Das war quasi unser erstes Gespräch, und ich erinnere mich noch gut an meine intensive Freude dabei.*

## Als ich das Kind zum ersten Mal gespürt habe ...

*Mein Name wurde mir gegeben,*
*an ihm habe ich gelernt, wer ich bin.*
*Und jetzt bin ich dran, sind wir dran,*
*einen Namen zu geben.*
*Du kennst uns beim Namen, heißt es,*
*du kennst auch das Namenlose,*
*bei dir hat es einen Klang, mit dem du es rufst.*
*Vielleicht hast du ja Spitznamen für uns?*

Fragen: Was glaubst du, wie würde G*tt dich mit Spitznamen nennen? Und was würdest du dir wünschen als G*ttes Spitznamen für dein Kind?

# Das Kind segnen

Such dir eine bequeme Position – stehend, sitzend oder angelehnt. Wichtig ist nur, dass dein Oberkörper aufgerichtet ist und du Arme und Hände frei hast.

Lege deine Hände auf deinen Bauch, so, dass du gut in Kontakt zum Baby kommst.

Konzentriere dich beim Atmen auf diesen Kontakt deiner Handflächen zum Bauch. Ist dein Baby gerade ruhig oder lebhaft? Antworte auf seine Signale – mit ruhigem Streicheln, wenn es ruhig ist, mit Klopfen oder Stupsen, wenn es lebhaft ist.

Dann rufe dir ins Bewusstsein, dass dieses Kind schon zu G*tt gehört, gesehen, gehalten und von G*tt umfangen ist.

Nun sprich dem Kind leise einen Segen zu und bekräftige ihn, indem du mit deinen Händen sanften Druck zum Baby hin ausübst. Nenne dein Kind dabei beim Namen, falls du ihm schon einen gegeben hast, oder beim Kosenamen (gelegentlich auch „*Arbeitstitel*" genannt ...), wenn es einen gibt.

## Segensgebete für das ungeborene Kind

Du bist schon wirklich da, kleine*r N.N.,
du wächst da im Verborgenen ins Leben hinein.
G*tt aber sieht dich schon,
G*tt halte dich geborgen
und bewahre dich in Liebe dein Leben lang.
G*tt segne dich, N.N.: Amen.

~

So lange bist du schon bei mir,
und immer noch bist du erwartet und erhofft.
Ich spüre dich, mein kleines großes Wunder,
und mit deinen Bewegungen wächst
meine Sehnsucht.
Ich vertraue dich G*tt an,
aus deren Lebenskraft du kommst,
die dich ins Leben begleitet,
die dich sieht
und die dich liebt. Amen.

# Die Bibel zu …

# … Kindsbewegungen

Eine der schönsten Passagen in der Bibel, in denen von schwangeren Frauen erzählt wird, ist die Begegnung von Maria und Elisabeth am Beginn des Lukasevangeliums. Elisabeth war unfruchtbar gewesen, aber durch G*ttes Wirken doch noch schwanger geworden – ihr Kind wird später Johannes der Täufer. Ihre Cousine Maria ist noch sehr jung und am Beginn ihrer eigenen Schwangerschaft – ihr Kind wird später als *„Jesus von Nazareth“* bekannt werden. Die Geschichte ihrer beiden Söhne erzählen Menschen später als den Beginn einer neuen Glanzzeit G*ttes unter den Menschen, als Zäsur, die deutlich macht: Alles, was Menschen einander antun können in Unterdrückung, Ungerechtigkeit und Unheil, alles das hat nicht das letzte Wort. Das letzte Wort G*ttes ist eine Lebenszusage, das Heil G*ttes unter den Menschen, und am Ende von allem steht die Begegnung mit G*tt-der-Lebendigen selbst.

In dieser Erzählung des Lukasevangeliums, davon, wie alles begann, sind es die Frauen, die zuerst begreifen, dass G*ttes Heil sich in der Welt Bahn bricht: Maria macht sich auf den Weg zu Elisabeth, und als sie ankommt und Elisabeth begrüßt, da spürt Elisabeth ihr Kind in ihrem Bauch hüpfen. Die Begegnung ist von intensiver Freude geprägt, und die Bewegungen des Kindes sind für Elisabeth sowohl Auslöser als auch Ausdruck dieser Freude. Sie setzen in Elisabeth ein intuitives Wissen frei über die Kraft-zum-Leben, die aus G*tt kommt. Denn die Schwangeren sind nah dran an der göttlichen Lebenskraft, und es ist ihr Privileg, in den Bewegungen des Kindes diese Lebenskraft unmittelbar und auf einzigartige Weise zu erfahren, das Wachsen und Kräftigerwerden des Lebens von innen zu spüren.

*„Elisabeth wurde mit heiliger Geistkraft erfüllt, und sie brach mit lauter Stimme in die Worte aus: ‚Willkommen bist du unter Frauen, und willkommen ist die Frucht deines Bauches! Woher weiß ich, dass die Mutter meines Herrn zu mir kommt? Siehe, als der Klang deines Grußes in mein Ohr drang, da hüpfte das Kleine in meinem Bauch voller Jubel. Glücklich ist, die geglaubt hat, dass sich erfüllen werde, was die Lebendige zu ihr gesagt hatte.'"*

(Lk 1,41–45, Übersetzung: Bibel in gerechter Sprache)

# Auf die Geburt hin

Ohne Geburt geht es nicht. Während der Mensch lange als *„sterblich"* definiert wurde, so ist das Sterben doch für jeden einzelnen Menschen, der sich seiner selbst bewusst ist, eine Zukunft, ist die Endlichkeit etwas, das jeder einzelne Mensch negieren kann, was schwer zu fassen ist und meistens erst in höherem Alter akzeptiert und integriert wird.

Was aber lange unbeachtet blieb, bis Hannah Arendt es für die Philosophie in Gedanken und ins Wort gebracht hat, ist, dass jeder einzelne Mensch die gleiche Vergangenheit hat: Wir sind alle geboren worden. Menschen sind nicht nur sterblich, also auf ein Ziel hin lebend, sondern vor allem und aus einem nicht mehr fassbaren Erleben heraus gewusst gebürtlich.

Dass das so übersehen wurde, mag daran liegen, dass diese so körperlich grundgelegte Realität mit ihren Begleiterscheinungen – Überwältigung, Schmerzen, Schleim, Blut ... – als wenig würdig für die Philosophie eingeschätzt wurde. Gar so konkret mag man das Menschsein dann oft doch nicht bedenken.

Damit blieb auch ein wichtiger Erfahrungsbereich des Menschseins unbedacht: die Unausweichlichkeit der Geburt. Schwangere erleben sie sehr direkt, wenn ihre Schwangerschaft sich der Vollendung nähert und die Geburt ins Haus steht.

Der Gedanke daran löst oft zwiespältige Gefühle aus: Erwartung, Ungeduld, Angst ... Und die letzte Zeit vor der Geburt kann sehr lang werden. Die Schwangerschaft wird körperlich anstrengender, das Baby herbeigesehnt, die Geburt gefürchtet und in diese widersprüchlichen Gefühle hinein kommen dann oft die gut gemeinten Fragen des Umfelds:

*„Ist es noch nicht da?*
*Wie lange hast du denn noch?*
*Immer noch nichts ...?“*

Das kann die Anspannung dieser letzten Tage und Wochen natürlich noch erhöhen, zumal auch die medizinischen Eckdaten heute deutlich weniger Zeit für ein entspanntes Abwarten vorsehen als noch vor zehn Jahren.

Es mag darum schwer fallen, die Dinge einfach auf sich zukommen zu lassen. Es ist eine Übung in Geduld und darin, sich zu überlassen. Die Dinge, die am wichtigsten und am existenziellsten sind, lassen sich nicht erzwingen. Wenn es möglich ist, wird auch bei einem geplanten Kaiserschnitt heute oft der spontane Wehenbeginn abgewartet. Aber auch, wenn die Geburt medikamentös eingeleitet oder die Geburt per Kaiserschnitt terminiert wird, bleibt die Zeit bis dahin abzuwarten und auszuhalten.

## Bleib!

Du warst bis hierher an meiner Seite,
du meine Freundin.
Bleib doch auch jetzt bei mir, bitte,
wenn mir das Warten schwer wird,
wenn meine Schwangerschaft mir immer
mehr abverlangt,
wenn ich nur möchte,
dass diese Zwischenzeit ein Ende hat
und mich doch auch fürchte vor der Geburt.
Wo sollte ich hin mit all diesen Gleichzeitigkeiten,
wenn nicht zu dir,
denn du siehst mich,
und du kennst dich mit sowas aus,
du begleitest ja so viele Frauen durch diese Tage
und durch die langen Stunden der Geburt.
Bewahre uns, G*tt, gib auf uns acht,
und wenn du kannst, dann gib mir Geduld,
bitte. Amen.

## Warten

Es war ein langer Weg bis hierher, G*tt,
und das letzte Stück wird mir nun besonders lang.
Ich erwarte so sehnlich die Geburt,
und gleichzeitig habe ich Angst,
ob ich das schaffen werde,
und kann mir kaum vorstellen,
wie es danach wohl wird.
Manchmal habe ich sogar Angst,
ob ich wohl geeignet sein werde als Mutter ...
Ich brauche ein bisschen Trost,
und das Wissen, dass du mir das zutraust,
dass mit dir an der Seite sich alles
zum Guten finden wird
und dass dein Segen uns begleiten wird.
Ich will darauf vertrauen,
dass du unser Leben in deiner Hand hältst
und bei dir nichts verloren geht. Amen.

~

Mein Baby ist schon so groß,
ich staune immer wieder darüber,
dass da ein ganzer Mensch heranwächst
und ich freue mich so sehr darauf,
mein Kind endlich in den Armen zu halten.
Du bist groß, du Schöpferin des Lebens,
und ich will dir danken,
danken für diese Lebenskraft
und dafür, dass ich ein Teil davon sein darf. Amen.

# Wie lange

**Ungeduld**

Aushalte

Angst

**Ungewissheit**

Es wird mir schwer …

Bald

**Sehnsucht**

noch?

Genießen

**Abwarten**

Wann endlich?

Warten

**Vorfreude**

Gelassenheit

*Amen.*

Erfahrung

# Warteschleife

*In den letzten Wochen vor den Geburten fühlte ich mich jeweils wie in einer Warteschleife. Alle Pläne standen unter dem Vorbehalt, dass es ja jederzeit „losgehen könnte“. Das Warten war offensichtlich, aber darauf angesprochen zu werden, konnte ich nur schwer ertragen. Vor allem beim ersten Kind, als ich ja selber noch überhaupt keine Vorstellung davon hatte, wie sich der Geburtsbeginn anfühlen würde ... Bei meinem zweiten Kind war es total beeindruckend, dass die Geburt ziemlich schnell losging, nachdem ein Plan B nach dem kurzfristig geplatzten ursprünglichen Arrangement, wer für das große Geschwister dasein könnte, endlich stand und die Betreuung für das große Kind greifbar war.*

*Im Nachhinein gesehen ist es ja eine kurze Zeit, aber mittendrin, das Abwarten, das zehrt schon an den Nerven. Vielleicht ist es eine gute Vorübung für das Leben mit einem Kind oder mehreren Kindern, da ist das mit der Planbarkeit ja auch so eine Sache. „Genießen“ ist für diese Zeit vielleicht zu viel verlangt. Sich einigermaßen, immer wieder, in Gelassenheit einzuüben, das war für mich ein besseres Ziel.*

# Die Haarbürste

*Ich hatte mich vorbereitet. Hatte über Ebay-Kleinanzeigen Babykleidung gesucht, Größe 56. Kleiner braucht man nicht, hatte ich überall gehört, sie wachsen ja so schnell. (Meine Freundin hat dann nach der Geburt noch Strampler in Größe 50 besorgt, denn Größe 56 war so viel zu groß, dass man Knoten in die Beine vom Strampelanzug machen konnte.) Hatte Babytrage und Windeln, Moltontücher und Wickelunterlage besorgt. Und dann kam der Tag, an dem ich die letzten Sachen auf der Was-man-unbedingt-braucht-Liste abhaken wollte: eine Babynagelschere und eine Babybürste. Und bei der Bürste hat es mich dann wie ein Schlag getroffen, denn auf einmal wurde total real, was bisher immer noch irgendwie abstrakt geblieben war: Es wird Haare haben. Es wird Haare haben, und ich werde sie bürsten, jeden Tag.*

*Ich weiß nicht, warum gerade an dieser Stelle – aber es war tatsächlich wie ein Aufwachen. In diesem Moment, ungefähr zwei Wochen vor der Geburt, wurde mein Kind für mich real.*

Fragen: Welche Momente aus der Schwangerschaft möchtest du nicht vergessen?

Was war ganz anders, als du gedacht hättest?

## Was hast du neu über dich gelernt?

# Die kleinen, unwillkürlichen Sätze III

Gerade wenn das Warten schwer fällt, kann es gut tun, einen Satz greifbar zu haben, der Vertrauen ausdrückt. Gut möglich, dass das auch ein Gebet wird:

*G*tt, bei dir ist alles bewahrt.*
*Es wird sich alles finden.*
*Ich freue mich auf dich, mein Kind.*

## Mein kleiner Satz der Zuversicht:

# Lebens-baum

Stell dich so hin, dass du einen guten Stand hast – die Füße ungefähr hüftbreit oder etwas weiter auseinander.

Spüre, wie der Boden dich trägt, wie du sicher stehst. Du kannst dafür ein bisschen das Gewicht verlagern, sodass du dich sachte hin und her wiegst oder dich in einem kleinen Kreis um deine Mitte bewegst und dann die Bewegungen immer kleiner werden lassen, bis du wieder still stehst.

Stell dir vor, dass deine Füße sich in den Boden einwurzeln, mache ein paar tiefe Atemzüge (so tief es eben noch geht) und lasse deine Wurzeln bei jedem Ausatmen tiefer wachsen. Dann nimm die Arme hoch und strecke dich zum Himmel aus. Lass die Arme dann in einem großen Bogen sinken und forme mit dieser Bewegung die Baumkrone. Mach das ein paar Atemzüge lang: Beim Einatmen die Arme heben, dich ausstrecken, und beim Ausatmen die Arme in einem großen Bogen wieder senken. Du verbindest dich so mit der Lebenskraft, die dich trägt und hält.

Dann nimm noch ein Bild hinzu: Stell dir vor, wenn du nach oben ausgestreckt stehst, dass das Licht der Sonne von oben auf dich fällt und dich von oben, von der Krone bis hinunter zu den Wurzeln durchströmt. Das Licht fließt in deine Arme und Beine, in deinen ganzen Körper, und auch in dein Kind, das wie eine kleine Baumfrucht dabei ist, die vom Mutterbaum lebt. Stell dir vor, dass dein Kind alle Energie bekommt, die es braucht, bis es reif ist für die Geburt.

Zum Ende der Übung leg deine Arme um deinen Bauch und wiege dich sacht ein paarmal hin und her, wie ein Baum in leichtem Wind. Dein Kind ist dabei sicher und geborgen.

Schüttele danach Arme und Beine aus, wie es dir gut tut, und streiche dich ein paarmal ab: Mit der rechten Hand von der linken Schulter bis zur Hand und mit der linken Hand von der rechten Schulter bis zur Hand, dann mit beiden Händen die Seiten und die Oberschenkel entlang nach unten. Ausstreichen tut gut und hilft, die Übung gut zu beenden.

# Die Bibel zu ...

## ... der Geburt

Geburtserzählungen in der Bibel sind nicht detailliert. Verstreut finden sich Hinweise auf die Tätigkeiten von Hebammen, davon, dass mehrere Frauen die Gebärende unterstützen und darauf, wie das Neugeborene versorgt wird. Grundsätzlich ist die Geburt aber kein Raum ohne G*tt, im Gegenteil: Das Warten auf G*ttes Heilszeit wird immer wieder mit Geburtswehen verglichen, und G*tt selbst wird sowohl als Gebärende, als stillende Mutter und auch als Hebamme beschrieben. Psalm 22 etwa drückt es so aus, dass G*tt das Leben des Menschen von Beginn an ermöglicht hat und ihn in keinem Augenblick seines Lebens verlässt:

*„Denn du bist es, der mich aus dem Schoß meiner Mutter gezogen hat und mich an der Brust meiner Mutter gelehrt hat, mich anzuvertrauen ...“*

(Ps 22,10)

Sowohl die Not der Geburt als auch die Bindung an das geborene Kind hat in der biblischen Rede von G*tt ihren Platz. Die Geburt ist immer auch Aufnahme in die menschliche Gemeinschaft, in eine Solidaritätsgemeinschaft, die für Mutter und Kind sorgt, und G*tt ist entscheidend daran beteiligt, dass das Leben wachsen und gedeihen kann.

# Nach der Geburt

Nach der Geburt wird ein neues Kapitel anfangen.

Ob die Geburt so verläuft wie erhofft oder nicht: Sie wird anstrengend sein, eine neue körperliche Herausforderung, von enormer Kraft. Manche Frauen finden sich im Bild von (hohen) Wellen wieder, bei denen sie mitgehen müssen, um nicht darin unterzugehen. Aus einer Geburt einen Wettbewerb zu machen – wer schafft es am besten? – wäre absurd, dafür steht auch viel zu viel auf dem Spiel, denn eine Geburt ist eine grundstürzende Grenzerfahrung, und zum Glück müssen wir sie nicht alleine machen. Es gibt die Möglichkeit medizinischer Unterstützung, und egal wie die Geburt verläuft, ist sie eine Hoch-Zeit des Lebens, und zwar des wirklichen Lebens, nicht der weichgezeichneten Bilder.

Eine Geburt lässt erfahren: Das Wunder des neuen Lebens geschieht nicht lau und weich, sondern in Kraft, Schmerz und einem Prozess, der die Gebärende völlig in Anspruch nimmt. Hier bekommen Menschen etwas von dem zu fassen, was *„Heiligkeit“* bedeutet. Das ist nämlich weit mehr als entrücktes Lächeln und Schwebezustände, sondern Heiligkeit begegnet eben da, wo das Leben Menschen ganz in Anspruch nimmt, wo sie alle bewussten Verkörperungen ablegen, sich ganz überlassen und dabei zugleich ganz sie selber sind.

Und das sagt auch etwas Wichtiges über das Menschsein aus: Wir brauchen als Menschen alle eine Umgebung, die uns bewahrt.

Und so wie die Geburt selbst wird auch das Leben mit dem Baby anders sein als weichgezeichnete Bilder, die Mutter und Kind in blütenweißen Kissen zeigen. Das reicht vom Mekonium über Netzunterhosen und Wochenbett-Binden bis zu Milcheinschuss und Aufstoßen, bei dem das Baby bisweilen beachtliche Mengen der Milch wieder ausspuckt. Diese sehr körperlichen Aspekte kommen in unseren kulturellen Bildern von Säuglingen kaum vor, sie bleiben meistens weitgehend privat. Hier geht es darum: Einen Säugling zu versorgen ist wesentlich körperlicher als meistens erwartet. Es ist auch nicht unbedingt einfach, sondern wie der Beginn der Schwangerschaft auch eine große Umstellung, nicht immer leicht, sondern im Gegenteil richtig anstrengend und in Anspruch nehmend, und zugleich und deswegen etwas Heiliges.

Es kommen zusammen: Schmerz und Staunen, Liebe und In-Anspruch-genommen-sein, Dankbarkeit und Erschöpfung, Glück und Abwehr. Auch ambivalente oder gedämpfte Gefühle dem Baby gegenüber kommen vor, sie dürfen ihren Platz haben, denn Bindung entsteht mit der Zeit und die wird durch Schuldgefühle nicht verkürzt.

In der Bibel wird an vielen Stellen G*ttes Verhältnis zu den Menschen so beschrieben, dass G*tt sein*ihr Volk gebiert, und damit lässt sich sagen: Die Heiligkeit und die G*ttesnähe kommen nicht erst in einem besonderen sakralen Raum dazu, sondern sie füllen den Raum, in dem die Geburt und das Wochenbett sich ereignen. Mancher durchdringende Blick eines Säuglings kann einem so vorkommen, als wüsste er alles von einem selbst und vom Leben, und so ist gerade in diesem noch unbewussten, auf Kontakt angewiesenen Blick etwas vom Staunen erkennbar, mit dem Menschen dem Göttlichen begegnen.

Nach der Geburt wird ein neues Kapitel anfangen, an Freuden, Sorgen und Alltag, ein neuer Lebensabschnitt. Wie es sein wird, wird sich zeigen. Es wird vermutlich intensiver und anders werden als vorgestellt und hoffentlich gleichzeitig gut und erfüllend. Was das für die eigene G*ttesbeziehung bedeutet, wird sich auch zeigen. Vielleicht wird sie erst einmal wieder etwas weiter in den Hintergrund treten, weil die Sorge für das Baby so in Anspruch nehmend ist – das darf so ein. In der Sorge um das zerbrechliche Leben liegt genug G*ttesbegegnung, auch wenn sie nicht ausdrücklich wird.

*Ich wünsche allen Leser*innen dieses Buches von Herzen eine gesegnete Zeit der Schwangerschaft und eine gute Geburt.*
*Und für die Zeit danach: Offenheit für das Leben in seiner Unvorhersehbarkeit, Grund zur Dankbarkeit und ein hilfreiches Netz, wenn Unterstützung gebraucht wird.*

Klimaneutral
Druckprodukt
ClimatePartner.com/12514-2311-1001

Bibliografische Information der Deutschen Nationalbibliothek
Die Deutsche Nationalbibliothek verzeichnet diese Publikation in der Deutschen Nationalbibliografie; detaillierte bibliografische Daten sind im Internet über http://dnb.d-nb.de abrufbar.

1. Auflage 2023
© 2023 Echter Verlag GmbH, Würzburg
www.echter.de

Covergestaltung: Vogelsang Design, Jens Vogelsang, Aachen
Layout Innenteil: satzgrafik Susanne Dalley, Aachen
Bilder Innenteil: S. 10/11 © Markus Bluthner
S.30/31 © 2019 arhendrix/Shutterstock.com
S. 44/45 © 2018 Triff/Shutterstock.com
S. 62/63 © 2014 Masson/Shutterstock.com
S. 76/77 © 2021 Black Salmon/Shutterstock.com
S. 106/107 © 2016 Africa Studio/Shutterstock.com
Druck und Bindung: Friedrich Pustet, Regensburg

ISBN 978-3-429-05897-5
ISBN 978-3-429-05283-6 (PDF)
ISBN 978-3-429-06626-0 (ePub)